SUPPLÉMENT

A LA

MÉTHODE LAVIGNE

Pour faire suite à l'Edition de 1847.

Prix : 1 Franc.

PARIS,

CHEZ L'AUTEUR, RUE VIVIENNE, 2.

1855

SUPPLÉMENT

A LA

MÉTHODE LAVIGNE

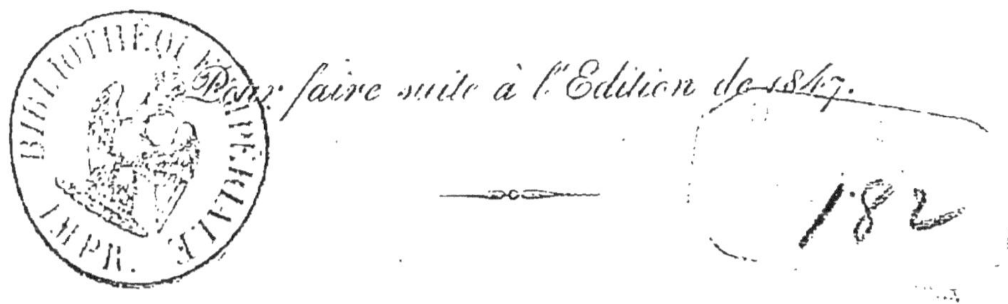

Notre dernière édition, qui date de la fin de 1847, a tout autant de mérite et de succès qu'à l'époque de son apparition, par la raison qu'un Traité de coupe s'applique bien plus à démontrer l'art de couper par principe qu'à démontrer la mode ; car l'inconstance de cette dernière ne permet pas qu'on puisse lui appliquer de théorie autre que celle qui se fait mensuellement dans les divers journaux de modes. Cependant, il est bien naturel que, pour qu'une méthode de coupe soit avantageusement mise en pratique, elle doive porter avec elle le cachet de la mode de l'époque à laquelle elle a été créée : point important que nous n'avons pas négligé, non-seulement pour les modes de l'époque, mais aussi en prévision des changements à faire subir pour les modes à venir et les goûts particuliers des tailleurs qui devront en faire usage. Grâce à ces prévisions, grâce aussi à ce que, depuis cette époque, les modes ont peu varié, notre méthode a conservé le premier rang entre tous les ouvrages de ce genre. Cependant, comme il ne nous était pas donné de prévoir les nouvelles coupes qui ont paru dans ces derniers temps, et ne voulant pas laisser notre méthode incomplète, nous avons fait graver et imprimer les quinze pages qui suivent, désirant être agréable à nos nombreux clients, et conserver la confiance et l'accueil qu'ils ont bien voulu accorder à nos principes.

LAVIGNE.

Paris, 1er janvier, 1853.

(C)

MANTEAUX TALMA.

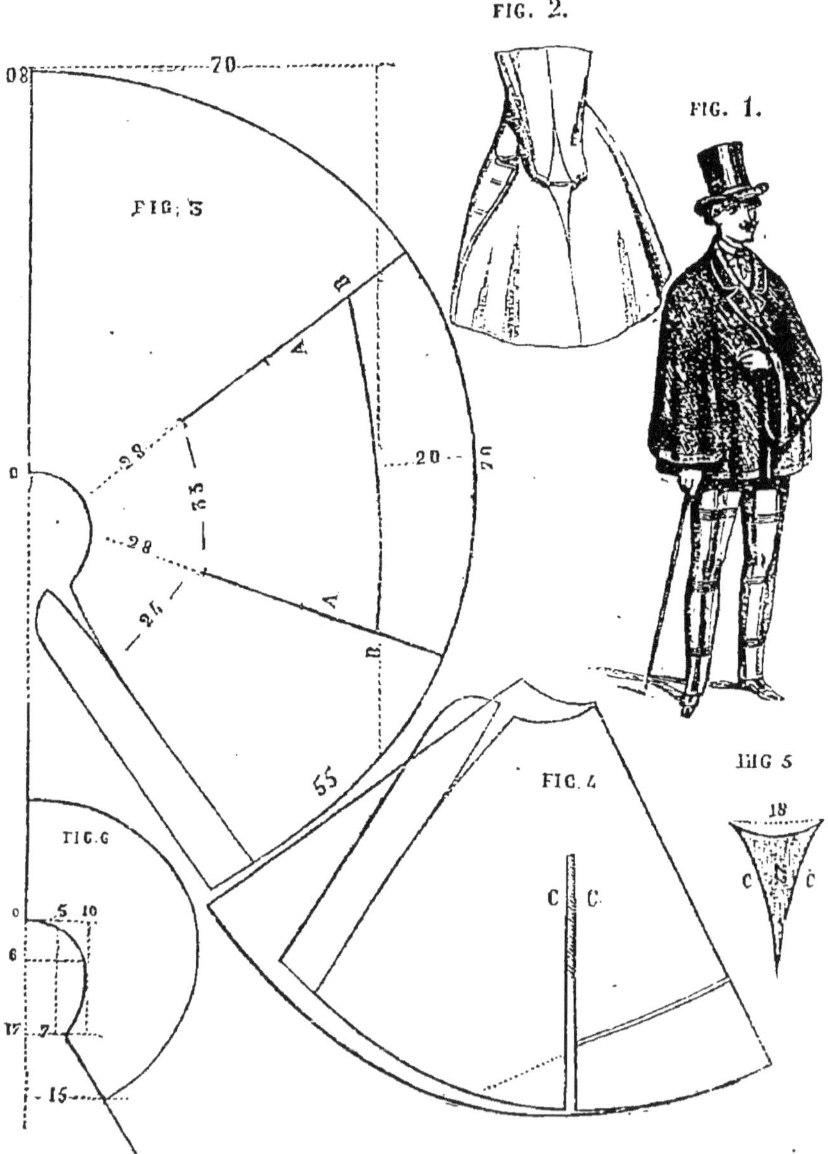

Fig. 1re. — Effet du talma sur une personne.

Fig. 2. — Moitié du talma avec la manche relevée, pour voir la manière dont sont posés les goussets.

Fig. 3. — Manière de couper les manches dans l'ampleur du manteau.

Fig. 4. — Moitié du talma ployé au milieu pour distinguer la manche détachée du manteau et la place des goussets dans la partie ombrée entre les deux lettres *CC*.

Fig. 5. — Un des deux goussets, dont l'un se monte à la manche et l'autre au devant. Ces goussets donnent la facilité de lever le bras sans entraîner le manteau, et rendent l'emmanchure plus ouverte et plus facile.

Fig. 6. — Encolure du talma et manière de la faire.

Explications de la Figure 6.

L'encolure du talma est la même que celle du manteau; il suffit pour la faire, de tracer un carré long, suivant les chiffres 0, 6, 17, 27, et la largeur de 0, 5 et 10. Le centre de la petite croix au milieu de l'encolure, formée par les lignes 5 et 6, sert de point de départ pour tracer le tour du manteau, en plaçant un bout du centimètre sur ce point et le faisant pivoter comme un compas.

Tracé de la manche du Talma, fig. 3.

Après avoir tracé le manteau, comme nous venons de l'expliquer, il reste à tracer la manche, ainsi qu'il suit. Marquer d'abord la largeur de la poitrine à 24 centimètres, et la largeur du bas du devant à 55 centimètres; tirer une ligne entre ces deux points 24 et 55, en s'arrêtant à 28 centimètres de distance de l'encolure; cette ligne faite, on marque alors la largeur de la manche, qui est de 33 centimètres du haut et de 70 centimètres du bas; on tire une seconde ligne parallèle à la première, également à la distance de 28 centimètres de l'encolure; on donne un coup de ciseaux dans ces deux lignes, sans détacher le haut, bien entendu. Les deux côtés *AA*, cousus ensemble, forment la manche ; les deux côtés *BB*, cousus ensemble, forment le corps du manteau ; mais, si l'on cousait ces deux coutures jusqu'en haut, l'entrée de la manche ne serait pas assez large, et le manteau lui-même manquerait d'ampleur à la hauteur du dessous de bras. C'est pourquoi, il est utile de placer deux goussets, dont l'un se met à la manche et l'autre au manteau, tels qu'ils sont dessinés à la *fig.* 2 de cette planche.

Le talma se fait généralement assez court (80 centimètres environ), et se coupe dans la largeur du drap, sans qu'il soit déployé ; mais, comme le drap n'a que 70 centimètres de demi-largeur, il faut un long chanteau, dont la plus grande partie se trouve à la manche ; on a le soin alors de recouvrir la couture d'un large galon, ce qui simule le parement ; quant aux petits chanteaux, au bas du devant et du dos, ils se trouvent en partie perdus sous l'ampleur de la manche. 2 mètres à 2 mètres 25 centimètres de drap suffisent pour couper le talma de cette manière.

TALMA DEMI-AMPLEUR.

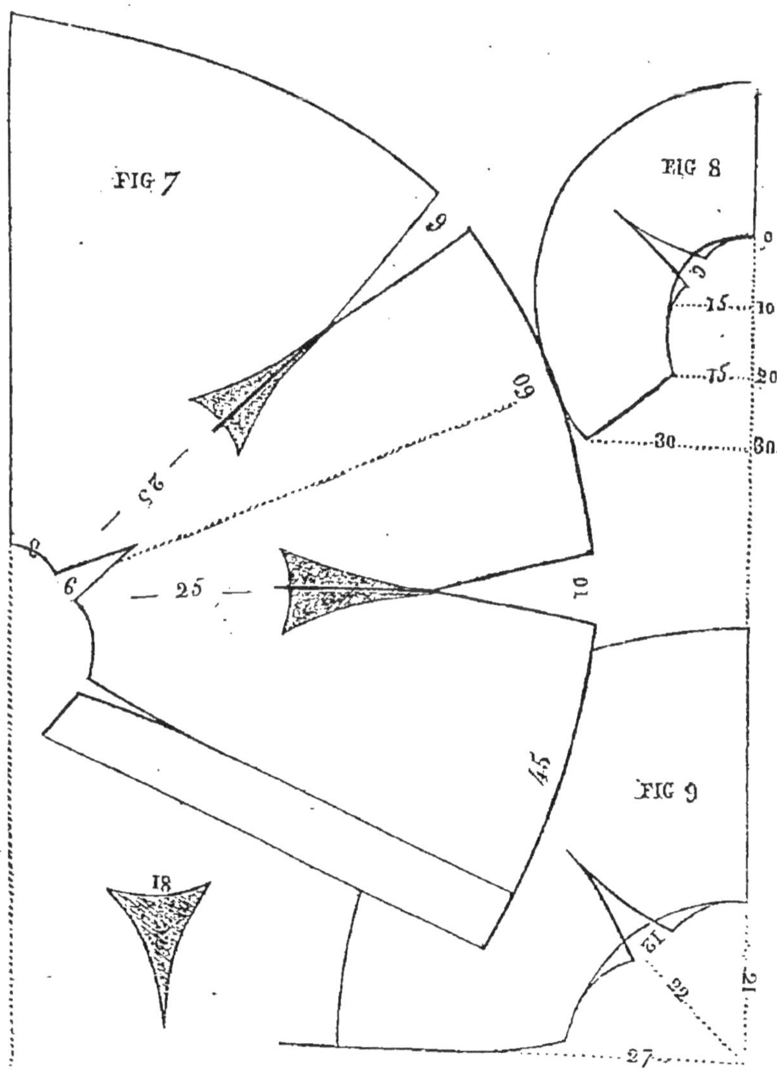

Le talma, tel qu'il est dessiné sur cette planche, a la même forme, une fois terminé, que le précédent, à l'exception qu'il a moins d'ampleur, et, par conséquent, s'établit à meilleur marché; car 1 mètre à 1 mètre 25 centimètres suffit pour le faire. La manière de tracer l'encolure est indiquée à la *fig*. 8 :

les points 0, 10 et 20 centimètres donnent la longueur de l'encolure; 15 et 15 centimètres en donnent la largeur; 30 et 30 centimètres donnent l'abattement du devant, et déterminent la largeur du manteau. Comme ce manteau est peu ample, il briderait et manquerait d'aisance sur les épaules; c'est pourquoi, il est indispensable de pratiquer à l'encolure une pince d'environ 9 centimètres. Une fois l'encolure, la longueur et la largeur du manteau tracées, on doit dessiner la manche telle qu'à la *fig.* 7; le bas du devant a 45 centimètres, le bas de la manche en a 60; c'est pour que le bas du manteau au-dessous de la manche n'aient pas trop d'ampleur, en proportion du reste, que nous avons retranché les 6 et 10 centimètres qui y sont indiqués. Les deux parties ombrées sont pour figurer les deux goussets, la place et la hauteur où ils doivent être placés.

La *fig.* 9 indique la manière de tracer le talma de dame.

Les chiffres 21, 22 et 27 servent à former un centre dans lequel on dessine l'encolure; la pince qui se fait pour emboiter l'épaule est de 12 centimètres.

TALMA DIT CHAUVE-SOURIS.

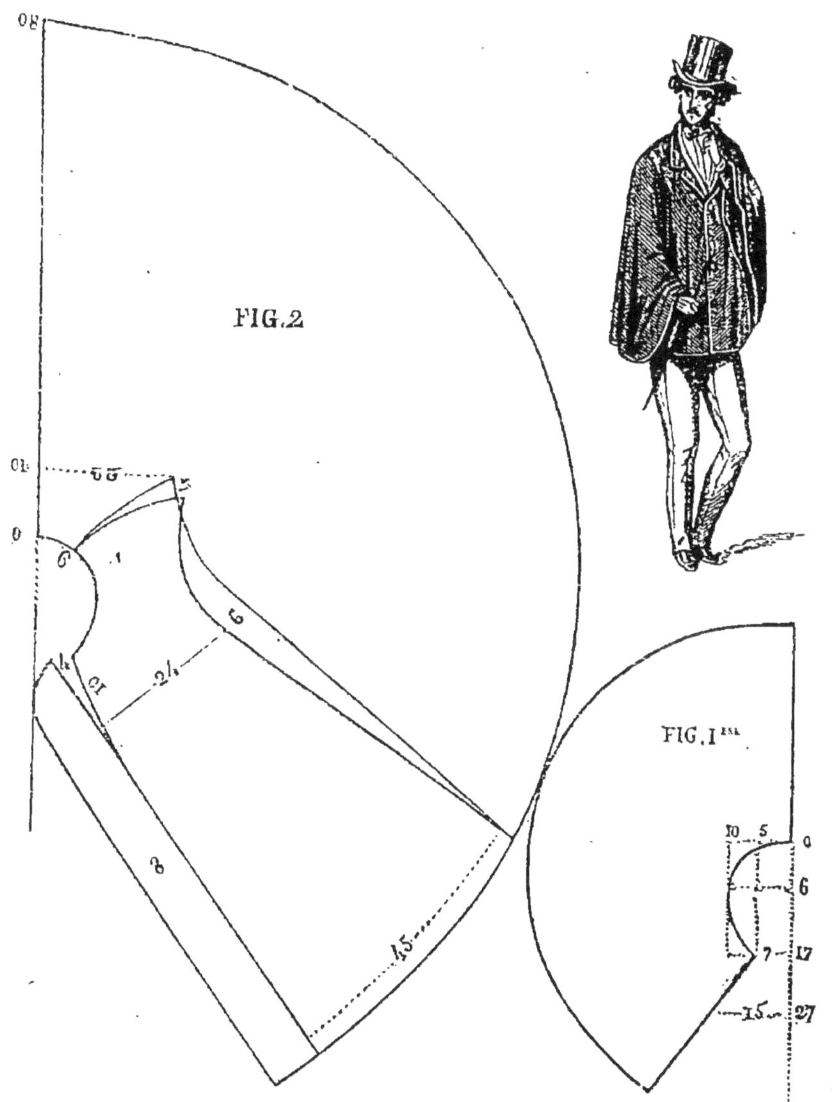

L'encolure du manteau chauve-souris est absolument la même que celle du manteau ou du talma ordinaire ; il n'y a pas de manches, mais le rond de l'épaulette du dos, réuni à l'échancrure du devant, fait en apparence le même effet que s'il y en avait une. Ce genre de coupe fait que le devant ressemble à un paletot et le derrière à un manteau. La hauteur de l'écarrure est à 10 centimètres du haut du dos ; la largeur est de 24 centimètres ; la pince entre l'écarrure et la pointe de l'épaulette a 4 centimètres ; la largeur du devant, à la hauteur de la poitrine, est de 24 centimètres ; la largeur du bas du devant en a 45 ; l'échancrure à la hauteur de la poitrine, entre le devant et le dos, est de 6 centimètres.

PALETOT SAC.

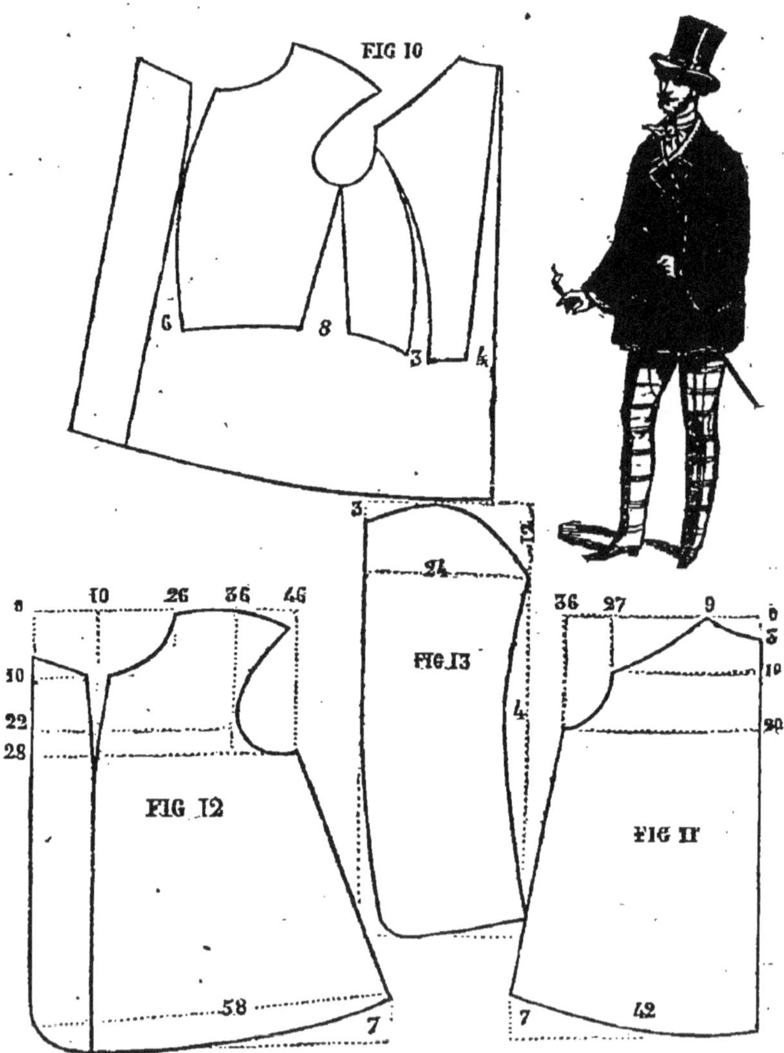

Nous avons déjà enseigné la manière de faire le paletot sac à la page 45 de notre méthode ; mais, comme ce vêtement subit des modifications presque à chaque année, nous avons cru devoir le reproduire ici, à la *fig.* 10.

La manière de tracer ce paletot est la même que dans notre méthode ; seulement, il a moins d'ampleur, en proportion de ce que nous avons mis moins d'écartement entre chaque partie du modèle qui sert à l'établir : ce qui prouve doublement que plus le sac doit être étroit, plus on resserre le modèle, et qu'il faut l'écarter d'autant plus qu'on veut le faire plus large, à l'exception des 6 centimètres du devant, qui ne doivent jamais varier.

Fig. 11, 12 *et* 13.

La coupe du paletot sac dessinée d'après les trois figures, diffère de l'exemple précédent, et ne peut être tracée par le même moyen, ou du moins, beaucoup plus difficilement, vu la grande ampleur du haut, qui lui permet même d'être mis négligemment sur les épaules sans passer les manches, comme on pourrait le faire d'un caban.

Nous avons donc cru choisir la manière la plus simple de le tracer, en en levant le plan par centimètres tels qu'ils sont démontrés aux *fig.* 11, 12 et 13. Cette manière de lever un modèle au centimètre est assez connue, pour nous dispenser de l'expliquer de nouveau.

Fig. 14. — Paletot sac, demi-ampleur.

Fig. 15. — Twine, demi-ampleur.

Fig. 16. — Twine-jaquette.

Fig. 17. — Paletot à taille.

Ainsi que nous l'avons dit précédemment, depuis longtemps les modes ont peu varié. Ce sont toujours les paletots sacs, les twines, les jaquettes et les paletots que l'on modifie, que l'on cherche à rajeunir par des tailles et des basques plus ou moins longues ou plus ou moins larges ; par la forme des revers, par la variété des étoffes ou des garnitures et des passementeries avec lesquelles on les orne ; mais, quant à la coupe en elle-même, la différence en est si minime, que la moindre intelligence suffit pour opérer les changements. Ainsi, nos lecteurs savent déjà depuis longtemps comment on peut faire le paletot sac (*fig.* 14), en se servant d'un modèle d'habit ou de redingote, ainsi que la manière de lui donner plus ou moins d'ampleur, suivant le goût des clients ou de la mode; ils savent également qu'avec le paletot sac, ils peuvent faire une twine (*fig.* 15), puisqu'il suffit, à cette dernière, d'y faire des pinces en proportion de ce que l'on veut qu'elle dessine la taille.

La jaquette (*fig.* 16), est la twine à peu de chose près, puisque la coupe du dos et des côtés est absolument la même; seulement, le devant diffère en ce qu'il est coupé à la taille, afin de donner plus de développement à la jupe, et que le devant se fait souvent sans croisure, de manière à imiter la redingote droite. Comme ce vêtement doit être aisé à la poitrine comme à la taille, on doit laisser 6 centimètres en haut et 8 ou 9 centimètres en bas de plus qu'à un habit ou à une redingote ordinaire.

La *fig.* 17 a la coupe et la forme de la twine devant, et du paletot à taille derrière, soit qu'on la fasse avec le modèle de twine en détachant le petit côté et en le modifiant pour lui donner plus de pointe, afin de renvoyer plus d'ampleur dans la jupe, soit qu'on la fasse tout simplement avec un modèle de redingote : l'une est aussi facile que l'autre, mais, généralement, on se sert d'un modèle ordinaire, auquel on laisse 6 centimètres de plus au bas du devant, plus la largeur de la croisure. On se rappelle, sans doute aussi, que tout vêtement qui doit servir de pardessus, doit être coupé sur un modèle de 2 centimètres plus grand que la mesure naturelle prise par dessus le gilet, de 4 centimètres, s'il doit être ouaté. Dans tous les cas, un pardessus doit toujours avoir l'épaulette renversée d'au moins 2 centimètres.

PANTALONS DROITS ET AJUSTÉS.

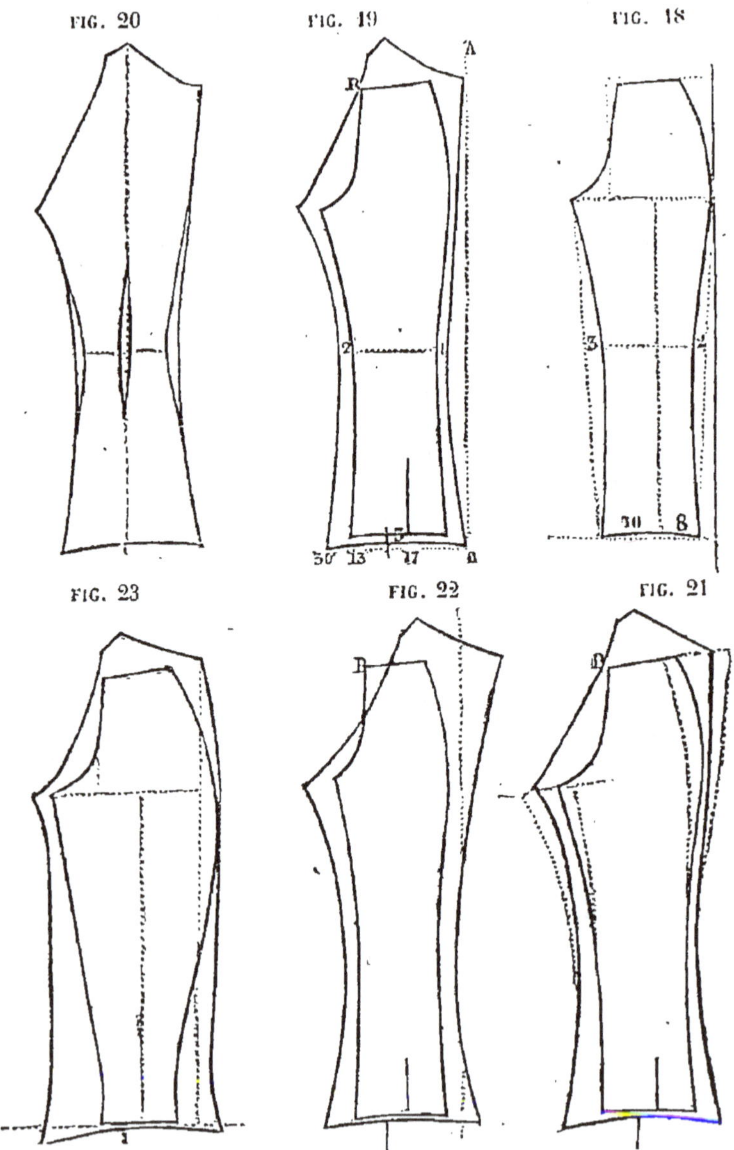

Bien que notre méthode de pantalon soit très-étendue et que nous ne pensions ne rien devoir rectifier comme proportion et comme aplomb, nous devons, cependant, la compléter par quelques explications sur le pantalon droit et ajusté du genou, insuffisamment démontrée dans notre dernière édition.

Fig. 18. — Devant du pantalon droit, dit à l'anglaise.

Fig. 19. — Devant et derrière du pantalon droit.

Fig. 20. — Derrière du pantalon droit et collant.

Fig. 21. — Pantalon, dont le derrière fournit au devant.

Fig. 22. — Pantalon à derrière renversé.

Fig. 23. — Pantalon hussard.

La *fig.* 17 de cette planche diffère de la *fig.* 4, page 90 de nôtre Méthode, en ce que nous avons dessiné le genou en creusant à sa hauteur 3 centimètres dans l'entre-jambes, et 2 centimètres sur le côté; et qu'au bas du devant, nous avons mis 10 centimètres du côté de l'entre-jambes et 8 centimètres sur le côté. C'est-à-dire que, si nous avons mis 2 centimètres de moins sur le côté, c'est pour que le pantalon tourne sur la botte, à la condition, bien entendu, que le derrière y suppléera. Pour les personnes qui n'ont pas l'habitude de prendre la hauteur du genou, il est de règle presque générale, que le genou se trouve 5 centimètres plus haut que la demi-longueur d'entre-jambes.

Lá *fig.* 19 est également tracée d'après notre ancien principe : le derrière, à la hauteur du genou, passe à 2 centimètres du devant et à 1 centimètre sur le côté; le milieu du talon est toujours à 3 centimètres de la ligne d'aplomb du devant, le bas du derrière a 30 centimètres de largeur ; ce qui donnerait 15 centimètres de chaque côté du milieu du talon, si c'était un pantalon tout à fait droit; mais, comme ici la couture tourne sur le pied de 2 centimètres, nous avons mis 17 centimètres sur le côté et 13 centimètres du côté de l'entre-jambes. Il est bien entendu que, si l'on désire le pantalon plus large ou plus étroit, il faut ajouter ou diminuer un peu de chaque côté, et ne pas oublier non plus de tenir compte du bas du devant qui doit être plus ou moins long, suivant que le bas du pantalon est plus ou moins large, ainsi que cela est complétement démontré page 101 de notre Méthode.

La *fig.* 20 est faite dans le but de faire comprendre la manière de dessiner le genou dans les pantalons collants. Quelques tailleurs, dans ce but, ont l'habitude de faire une pince à la hauteur du jarret, ainsi que nous l'avons fait figurer ici. Pour les personnes qui n'aiment pas ces coutures, elles peuvent y suppléer avantageusement, en rétrécissant le derrière de chaque côté. En tendant ensuite fortement au fer les parties creuses et en mettant de la longueur à l'endroit du mollet, on obtient absolument le même résultat que si l'on avait fait une pince. Dans tous les cas, c'est toujours chose utile, que de monter les devants de 2 centimètres trop courts sur le derrière, dans la longueur de la jambe, à partir du dessous du genou.

Fig. 21. — Pantalon dont le derrière fournit au devant.

Depuis longtemps déjà, beaucoup de tailleurs ont pris l'habitude de couper le devant étroit et le derrière large. Quand un pantalon a la profondeur de fourches en proportion de la grosseur du bassin, quand une fois coupé, il a 7 centimètres de plus que la mesure du bassin, et 3 ou 4 centimètres de plus à la ceinture; que le haut du derrière passe contre le haut du devant (lettre *B*), et que le milieu du bas du devant est à 3 centimètres du milieu du talon, le pantalon doit aller bien. Cela ne fait rien que le devant soit étroit et que le derrière lui fournisse, si l'aplomb et les proportions sont restées absolument les mêmes. C'est une affaire de mode, et plus particulièrement d'économie; car, dans les étoffes larges, en coupant les devants étroits, on peut en retirer trois dans la largeur, ce qui fait que, sur cinq ou six pantalons, on peut en économiser un, en ayant soin, bien entendu, de couper tous les devants sur le même bout de la pièce, et tous les derrières de l'autre bout. Nous avons donc reproduit la *fig.* 21, dans le but de démontrer combien il est facile de changer en apparence la coupe de nos pantalons, sans rien ôter de leur aplomb et de leurs proportions primitives, puisqu'il suffit de reporter au derrière exactement la même quantité que l'on a retirée au devant.

Fig. 22. — Nous avons déjà parlé de ce genre de pantalon à la *fig.* 43, page 109 de notre Méthode. Nous y revenons encore, car nous avons toujours la conviction que, lorsqu'un derrière de pantalon est renversé au point de rentrer en dedans du devant (lettre *B*), il est sujet à former de mauvais plis derrière, sans pour cela obtenir l'aisance que l'on peut en attendre. Nous persistons donc à dire que le haut du derrière ne doit pas rentrer en dedans du devant, et que l'on ne doit ressortir du côté, que ce que l'on aurait trop abattu en haut du devant, si ce n'est dans les cas exceptionnels des hommes gros de ceinture.

Fig. 23 (pantalon hussard). — Nous avons également démontré ce pantalon à la page 99 de notre Méthode, mais, comme depuis, il a subi quelques modifications, nous avons tenu à les signaler dans ce supplément. A cette époque, nous coupions le devant comme un pantalon ordinaire, le derrière seul fournissait toute la largeur. D'après ce nouveau modèle, le devant a 1 centimètre de plus du côté de l'entre-jambes, et 3 centimètres de plus sur le côté, et le derrière se coupe absolument de la même largeur que le devant, en ayant soin, toutefois, de creuser le fond du derrière de 2 centimètres. Le haut du derrière, autrement dit la hausse, se fait toujours de 3 ou 4 centimètres plus bas que le pantalon ordinaire.

Paris, imprimerie de Paul Dupont,
rue de Grenelle-St-Honoré, 45.

Paris. Imprimerie administrative de Paul Dupont.

www.ingramcontent.com/pod-product-compliance
Lightning Source LLC
LaVergne TN
LVHW010325230826
846091LV00009B/3770
9782013598590